PAIDEIA
ÉDUCATION

MIXTE
Papier issu de sources responsables
Paper from responsible sources
FSC® C105338

JEAN-MARIE GUSTAVE LE CLÉZIO

Mondo et autres histoires

Analyse littéraire

© Paideia éducation.

22 rue Gabrielle Josserand - 93500 Pantin.

ISBN 978-2-75930-455-4

Dépôt légal : Septembre 2023

Impression Books on Demand GmbH

In de Tarpen 42

22848 Norderstedt, Allemagne

SOMMAIRE

- Biographie de Le Clézio 9

- Présentation de *Mondo et autres histoires* 15

- Résumé du recueil 19

- Les raisons du succès 33

- Les thèmes principaux 41

- Étude du mouvement littéraire 47

- Dans la même collection 51

BIOGRAPHIE
JEAN-MARIE GUSTAVE LE CLÉZIO

Jean-Marie Gustave Le Clézio naît à Nice le 13 avril 1940. Il est issu d'une famille bretonne ayant émigré à l'île Maurice au XVIIIe siècle, où elle prend la nationalité anglaise suite à l'annexion de l'île.

Il passe la période de la Seconde Guerre mondiale avec sa mère et ses grands-parents à Roquebillière dans les Alpes-Maritimes. Le Clézio se plonge dans la bibliothèque familiale et apprend l'anglais.

En 1948, il part pour le Nigeria avec sa mère afin de rejoindre son père qu'il ne connaît pas. Durant la traversée, il écrit deux récits : *Un long voyage* et *Oradi noir*. Il découvre l'Afrique où il restera deux ans. Depuis lors, il ne cesse d'écrire et le thème du voyage devient indissociable de son œuvre, tel un hommage à l'enfant qu'il fût, découvrant de nouveaux paysages et de nouvelles couleurs.

De retour à Nice en 1950, il poursuit des études littéraires au lycée Masséna puis au collège littéraire universitaire. Le retour de son père marque de profonds changements, imposant notamment un mode de vie à la mauricienne.

Influencé par ses lectures de Rimbaud, Le Clézio écrit à partir de 1952 de la poésie ainsi que d'autres récits. Il est renvoyé d'hypokhâgne et doit se présenter au conseil de révision. La guerre d'Algérie éclate et le jeune homme obtient un sursis.

En 1959, Le Clézio se rend à Bath en Angleterre où il obtient un poste de professeur. Puis il épouse Rosalie Piquemal à Londres en 1960. Celle-ci donne naissance à leur fille Patricia la même année.

À 23 ans, Le Clézio devient célèbre avec *Le Procès-verbal*, pour lequel il reçoit le prix Renaudot en 1963. Amateur de poésie, il rédige également un mémoire sur le thème de la solitude dans l'œuvre d'Henri Michaux, qu'il rencontre à cette occasion. *La Fièvre* paraît en 1965.

Entre 1966 et 1968, Le Clézio publie trois livres : *Le Déluge*, *L'Extase matérielle* et *Terra amata*. Il est ensuite envoyé en Thaïlande pour son service militaire en tant que coopérant. Alors qu'il dénonce la prostitution enfantine, on lui rappelle la discipline en l'envoyant au Mexique. La découverte de ce pays sera fondamentale pour l'auteur, tant pour son évolution artistique que personnelle. Là-bas, il étudie le maya et le nahuati à l'université de Mexico et se fascine pour les civilisations amérindiennes.

À partir de 1970 et durant quatre ans, Le Clézio partage la vie des Indiens Emberas et Waunanas au Panama. La découverte de leur mode de vie bouleverse profondément l'homme, mais aussi l'auteur qui leur rendra hommage dans ses textes futurs. *La Fête chantée* (1997), par exemple, relate cette expérience essentielle « qui a changé toute [sa] vie, [ses] idées sur le monde et sur l'art, [sa] façon d'être avec les autres, de marcher, de manger, d'aimer, de dormir, et jusqu'à [ses] rêves ». Quatre livres paraissent à cette période : *La Guerre* (1970), *Haï* (1971), *Géants et Mydriase* (1973).

Il se remarie en 1975 avec Jémia Jean, originaire du Sahara occidental, qui donne naissance à Alice. Sa femme lui fait découvrir le Maroc et il publie la même année *Voyage de l'autre côté*. Il commence une traduction des *Prophéties du Chilam Balam*, texte mythologique maya. En tant que spécialiste du Michoacán, il soutient une thèse d'histoire à l'institut des études mexicaines de Perpignan. Il est également invité à donner des cours à Albuquerque.

En 1978, le CNRS refuse sa candidature de bourse et Le Clézio part vivre au Nouveau-Mexique. En 1980, à l'occasion de la parution de *Désert*, il reçoit le grand prix Paul-Morand de l'Académie française, qui récompense l'ensemble de son œuvre.

La troisième fille de Le Clézio, Anna, naît en 1982, et son

père meurt en 1986. Les parutions continuent à rythme soutenu. Il effectue deux voyages à Haïti et participe au premier Festival du livre de l'océan Indien.

Avec son ami Jean Grosjean, Le Clézio fonde et dirige la collection « L'Aube des Peuples » aux éditions Gallimard à partir de 1991. En 1997, il coécrit *Gens des nuages* avec sa femme Jémia. En 1994, le magazine *Lire* mène l'enquête et Le Clézio est désigné comme le « plus grand écrivain francophone vivant », détrônant ses aînés Nathalie Sarraute, Claude Simon, Françoise Sagan, Michel Tournier ou encore Julien Gracq.

Au début des années 2000, Le Clézio s'intéresse à la Corée et occupe une chaire de professeur à l'université Ewha (Corée du Sud). Il étudie également les rites chamaniques. En 2005, il embarque à bord du trois-mâts La Boudeuse afin de rencontrer une tribu méconnue dans le Pacifique.

Écrivain reconnu, Le Clézio n'hésite pas à mettre sa plume au service des causes qui lui tiennent à cœur. Ainsi, en 2007, il fait partie des signataires du manifeste intitulé *Pour une littérature-monde en français*. Il invite à une littérature française laissant leur place aux auteurs francophones et aux nouveaux écrivains. Se considérant comme un citoyen du monde, Le Clézio s'engage également dans la défense de l'environnement, la lutte pour les libertés ou encore l'action en faveur des peuples opprimés et délaissés.

La mère de Le Clézio meurt au printemps 2008. La même année, il publie *Ritournelle de la faim*, inspiré par la figure de sa mère. À cette occasion, le très prestigieux prix Nobel de littérature lui est décerné, saluant « l'aventure poétique et l'extase sensuelle » que suscite son œuvre.

PRÉSENTATION DE MONDO ET AUTRES HISTOIRES

Mondo et autres histoires est un recueil de nouvelles écrit par Jean-Marie Gustave Le Clézio et publié par Gallimard le 6 mars 1978. Tiré à 700 000 exemplaires, le texte est imprimé sur du vélin d'Arches, un papier mince, pur fil, souvent très blanc. Sûrement en raison du succès de l'auteur, mais également parce que le texte porte une certaine universalité, Gallimard décline ce titre dans de nombreuses éditions : dans la collection de littérature française contemporaine (« Blanche », 1978), en poche (« Folio », 1982), en poche « classique » (« Folio plus classiques », 2006) et dans la collection jeunesse (Gallimard jeunesse, 2009).

À l'époque de la parution de *Mondo et autres histoires*, l'édition française développe considérablement l'offre d'œuvres étrangères traduites ; ce qui ouvre le champ littéraire à des perspectives totalement nouvelles. Ainsi, de nombreux auteurs français ressentent le besoin de renouveler la littérature française, tant sur le fond que sur la forme. Le Clézio s'inscrit en quelque sorte dans cette démarche, affinant sa plume et usant d'un style minimaliste tout en finesse, teinté d'onirisme et de mystères. À la même période, la vie de l'écrivain semble avoir passé un cap avec la découverte de l'Amérique du Sud et des modes de vie de ses populations. Le Clézio ressent de nouveau le besoin d'évoquer le voyage, mais également celui de faire réfléchir le lecteur en mettant en scène des personnages choisissant volontairement de tout quitter pour partir *ailleurs*.

Le recueil est composé de huit nouvelles, mais la cohérence de l'ouvrage découle d'un seul et même travail sur les thèmes de l'enfance, du rapport à la nature et au monde, du voyage et de la découverte. *Mondo et autres histoires* peut donc se lire comme un ensemble de récits à la fois poétiques et oniriques, nous invitant à la réflexion sur nos sociétés actuelles, mais également à la découverte des divers chemins de la liberté.

RÉSUMÉ DU RECUEIL

Mondo

La nouvelle éponyme de ce recueil. Elle est présentée sous forme de six chapitres, mais ceux-ci ne portent ni nom, ni numéro. Nous parlerons donc des « parties » de la nouvelle.

Première partie

Mondo est un orphelin mystérieux qui vit dans une grotte près de la plage. Le jeune garçon prend la vie comme elle vient : il profite de ses « amis » et cherche une personne gentille qui voudrait bien l'adopter. La seule peur de Mondo, c'est la camionnette du Ciapacan (les services sociaux).
Un jour, il rencontre Giordan, le pêcheur. Avec lui, il va rêver de l'Afrique et des îles de la mer Rouge. Giordan propose à Mondo de lui apprendre à lire.

Deuxième partie

Un jour, Mondo échappe de peu au Ciapacan. Il fait alors la connaissance du Gitan, du Cosaque ainsi que du vieux Dadi et ses colombes. Souvent, le soir, Mondo les aide lors de leur spectacle de rue, puis passe le reste de la nuit en leur compagnie.

Troisième partie

Mondo est un garçon très proche de la nature, et plus particulièrement de la mer. Un jour férié, après une baignade, Mondo se promène dans la ville aux rues désertées. Il rencontre un petit garçon qui refuse de lui prêter son tricycle rouge. Désœuvré, il fait un trajet en ascenseur dans un immeuble voisin, s'achète une glace, feuillette un livre illustré trouvé...

L'évocation de ce jour férié permet de constater que, malgré son caractère solitaire, Mondo cherche à créer des liens avec autrui.

Quatrième partie

Un jour, Mondo entreprend une promenade sur la colline qui surplombe la ville. Il y découvre une maison qu'il surnomme la « Maison de la Lumière d'Or » et s'endort dans son jardin. Quelques heures plus tard, il est réveillé par une femme nommée Thi Chin, qui l'invite à entrer. Très vite, une forte relation va se nouer entre Mondo et Thi Chin : il a désormais un toit et même si rien n'est dit, il semble que tous deux se soient mutuellement adoptés.

Cinquième partie

La vie de Mondo a changé, mais son quotidien reste le même car Thi Chin le laisse parfaitement libre. Il se laisse porter par les diverses occasions que la vie lui offre (comme la bataille de cerfs-volants), en allant d'un « ami » à un autre. Un bateau nommé l'Oxyton, un peintre croisé par hasard, le rempailleur de chaises ou même le facteur, chaque rencontre est prétexte à la discussion et au rêve. Or, bien que « Mondo connaissait beaucoup de gens, ici, dans cette ville, […] il n'avait pas tellement d'amis. »

Un jour, après sa rencontre avec le postier, Mondo veut lui aussi écrire des lettres et part à la recherche de quelqu'un qui puisse lui apprendre à lire et à écrire. Un vieil homme rencontré sur la plage accepte de l'aider.

Sixième partie

Un jour, Dadi disparaît. Mondo le cherche partout, puis apprend qu'il a été emmené à l'hôpital. Alors le jeune garçon, fou d'inquiétude pour son ami, fait un malaise. Il ne s'aperçoit même pas que le Ciapacan a été appelé pour le conduire à l'assistance publique.

Thi Chin se rend au commissariat car elle cherche Mondo. On lui apprend qu'il a été placé à l'assistance publique et qu'elle ne peut le voir. Le lendemain, le commissaire vient lui annoncer que Mondo a disparu pendant la nuit. Thi Chin est triste car elle sait qu'il ne reviendra pas. Mais bien des années plus tard, une trace de Mondo refait surface...

Lullaby

C'est l'une des deux seules nouvelles du recueil à comporter des chapitres numérotés.

Chapitre 1

Un matin d'octobre, Lullaby décide qu'elle n'ira plus à l'école. Elle écrit une lettre à son père, puis quitte la maison en direction de la côte. En chemin, elle découvre un bunker. Ses murs sont couverts d'étranges inscriptions telles que « trouvez-moi ». Lullaby reprend sa route, s'amusant à imaginer des calculs à partir du paysage qui l'entoure.

La suite de sa promenade la conduit à la « Maison Grecque », bâtisse abandonnée face à la mer. Lullaby y restera jusqu'à la tombée du jour. Sur le chemin du retour, elle rencontre un petit garçon qui lui promet un dessin.

Chapitre 2

Durant plusieurs jours, Lullaby se rend à la « Maison Grecque » où elle passe de paisibles journées à méditer face à la mer. Un jour, elle descend au bord de l'eau et brûle un tas de lettre. Elle s'aperçoit alors de la présence du petit garçon qui lui offre le dessin promis. Avant de quitter Lullaby, il lui parle d'une autre maison abandonnée, un peu plus loin sur la côte. La jeune fille s'y rend mais un fois sur place, elle s'aperçoit qu'un inconnu la suit, prend peur et s'enfuit à la nage.

Chapitre 3

Pour ne plus aller à l'école, Lullaby a fait croire qu'elle était très malade. Elle serait bien retournée à la deuxième maison, mais redoute de recroiser l'homme qui la suivait.

Elle flâne en ville, puis se rend au lycée. La directrice cherche à savoir ce qui lui est arrivé, mais n'est pas convaincue par ses explications. Lullaby va à la rencontre de son professeur de physique, monsieur Filippi, car elle avait des questions à lui poser. Mais face à lui, elle réalise qu'elle les a toutes oubliées.

La Montagne du Dieu vivant

Cette nouvelle ne fonctionne pas selon un système de chapitrage. Le texte n'est composé que de deux parties, séparées par un saut à la ligne et un alinéa. Nous parlerons donc de « passages » au sein de la nouvelle.

Passage 1

Jon se dirige vers la montagne car il sent comme un appel

au fond de lui. Enivré par la nature et la lumière, il entreprend l'escalade la montagne. Au sommet, il trouve un caillou qui est exactement la réplique miniature de la montagne qu'il vient de gravir. De nouveau, Jon ressent une présence mystérieuse, et semble entrer en transe.

Jon se réveille et, à ses côtés, se trouve un enfant. Celui-ci vit ici, au sommet de la montagne. L'enfant demande à Jon de lui jouer un air de musique avec sa guimbarde. Ensuite, les deux enfants s'endorment de nouveau.

Passage 2

À son réveil, Jon constate que l'enfant a disparu et comprend qu'il ne le reverra plus. Il redescend alors de la montagne et pénètre « à nouveau dans le territoire des hommes ».

La Roue d'eau

Cette nouvelle n'est constituée que d'une seule et même partie.

Au petit matin, Juba quitte la maison et va mener ses bœufs au puits. Là-bas, il les attache au joug et les bêtes actionnent une roue permettant de puiser l'eau qui irrigue les cultures en contrebas. Alors Juba ferme les yeux et se laisse bercer par les sons environnants. Il ne dort pas, pourtant la ville de Yol lui apparaît. Yol est une ville étrange, un mirage connu de tous. Juba s'imagine roi, rêve sa reine et sa cité idéale. Puis le soir arrive. Juba défait les liens des bœufs et regagne sa maison en bas de la colline. Peut-être que demain, Yol lui apparaîtra de nouveau.

Celui qui n'avait jamais vu la mer

Comme La Montagne du Dieu vivant, *cette nouvelle est constituée de différents passages.*

Passage 1

Daniel est un jeune garçon rêvant d'aventure : il aurait voulu s'appeler Sindbad, comme le héros de son livre. Daniel parle peu, sauf quand il s'agit d'évoquer la mer. Et puis un jour, sans qu'on s'y attende, il part. Les autres élèves n'en sont pas étonnés, ils vont même soutenir Daniel en éludant les questions de la police et des adultes. Lui qui passait inaperçu est désormais le centre des conversations, son absence laisse comme un vide.

Au bout de quelques mois, tout se calme d'un coup. Les adultes cherchent à banaliser l'histoire, mais pour les élèves, Daniel est devenu le symbole de leurs rêves d'évasion.

Passage 2

Enfin libre, Daniel gagne la côte. Fatigué et affamé, il décide de faire une halte dans une vieille cabane abandonnée et s'endort.

Au réveil, le garçon escalade les dernières dunes et voit la mer pour la première fois. La marée étant basse, Daniel court vers le large puis s'assoit pour admirer le paysage tant rêvé.

Quelques heures plus tard, la mer monte et le jeune garçon connaît une petite frayeur. Il court se réfugier sur la plage et n'approche plus l'eau tout le reste de la journée.

Passage 3

Plusieurs jours durant, Daniel survit grâce à l'eau de pluie et la pêche. Il fait la rencontre d'un poulpe vivant dans un trou d'eau et le baptise Wiatt.

Un jour, à marée basse, Daniel ressent comme une ivresse, « la lumière l'avait rendu libre et fou ». Cette lumière devient une menace pour l'enfant, car elle lui cause une soif qu'il ne peut assouvir et lui brûle le corps. La mer monte et Daniel court vers le rivage en pensant au naufrage de Sindbad. Il atteint une grotte où il manque d'être pris au piège par la marée.

Passage 4

« Après cela, qu'est-il devenu ? », se demandent les élèves qui ont conscience que quelque chose d'étrange s'est passé. L'attention des enfants à l'encontre de Daniel met en exergue le comportement illogique des adultes : pourquoi chercher Daniel pendant des mois pour finalement l'oublier du jour au lendemain ?

Mais les élèves, eux, n'ont pas oublié, « même ceux qui ne l'avaient pas connu ». Daniel est devenu pour eux une source de rêve, un moyen d'évasion et, tel Sindbad, un héros parcourant le monde en toute liberté.

Hazaran

Comme Mondo, *cette nouvelle est constituée de différentes parties.*

Partie 1

Alia vit à la Digue des Français, une ville très pauvre où il y a sans cesse des mouvements de population, qui sont d'ailleurs surveillés par la police.

Un jour, Martin arrive en ville et s'installe à l'écart. Il aime recevoir les enfants afin de leur raconter des histoires telle que celle d'Hazaran, qui fait beaucoup rêver Alia.

Martin fascine les habitants, certains pensent même qu'il vient du ciel ; sa religiosité et son mode de vie ascétique intrigue autour de lui.

Partie 2

Un jour, des étudiants et des gens du gouvernement annoncent aux habitants de la Digue qu'ils vont devoir quitter la ville qui sera rasée. À la place, ils seront relogés dans une ville-projet appelée « Ville Future ». Martin est très contrarié et entame un « jeûne effrayant » de plusieurs semaines.

À la fin du jeûne de Martin, on annonce que le départ est prévu pour le lendemain matin. Durant la nuit, Alia se rend chez Martin, qui lui annonce son départ et lui propose de l'accompagner. Alia va prévenir les habitants et tous décident de suivre Martin. Alors Martin entre dans le fleuve, tous les habitants à sa suite.

Peuple du ciel

Comme La Montagne du Dieu vivant, *cette nouvelle est constituée de plusieurs passages.*

Passage 1

Petite Croix aime passer des heures assise face au paysage, le dos bien droit, formant un angle droit avec la terre. C'est pour cela qu'on la surnomme ainsi. Le vieux Bahti vient chaque jour la chercher par la main pour le repas du soir. Un jour, elle lui demande : « Qu'est-ce que le bleu ? » ; depuis lors, elle songe souvent à cette question.

Passage 2

Les gens de la vallée sont partis et Petite Croix aime quand il n'y a personne autour d'elle. Elle écoute le silence, le vent qui s'engouffre dans les rues désertes. Elle pense à sa question et comme personne ne parvient à lui répondre, elle reste assise et attend. Car « elle sait bien que la réponse doit venir, un jour, sans qu'elle comprenne comment. Rien de mauvais ne peut venir du ciel ».

Passage 3

Petite Croix est assise et écoute le bruit de la lumière. Elle voit alors apparaître « les chevaux du bleu » et chante pour eux, ainsi que pour les nuages.
Petite Croix « attend encore les autres personnes qui doivent venir ».

Passage 4

Chaque jour à la même heure, Petite Croix guette le bruit de pas, ceux d'un soldat qui vient la voir. Ils discutent, quand soudain, Petite Croix sent qu'elle a été piquée, mais le soldat ne voit rien. Il pense à la guerre et sait qu'il ne reviendra pas le lendemain, mais n'ose le dire à la jeune fille.
Une fois le soldat parti, Petite Croix a une vision et Saquasohuh lui apparaît, c'est lui qui l'a piquée. Elle comprend alors qu'il est « l'étoile bleue qui vit dans le ciel » et veut se lever pour fuir en courant, mais en est incapable. Le piège de

la guerre s'est déjà refermé sur elle…

Les bergers

C'est la deuxième et dernière nouvelle du recueil à comporter des chapitres numérotés.

Chapitre 1

Gaspar, un jeune garçon, marche dans le désert ; on suppose qu'il est un touriste égaré.

Il se sent observé, et entend des rires étouffés – ceux de quatre enfants, trois garçons et une petite fille. Ils ne parlent pas la même langue. Quand le soleil est haut dans le ciel, les enfants rejoignent un troupeau de quelques chèvres. Gaspar, assoiffé, les accompagne et oublie la ville.

La nuit, Gaspar sent le regard d'Abel, le plus grand des garçons, qui semble lui dire : « viens avec moi. » Abel lui apprend alors à chasser le lièvre à la fronde.

Chapitre 2

Les enfants s'installent dans une vallée baptisée Genna. Ils y construisent une maison faite de branchages et de boue juste à côté du lac. Abel montre à Gaspar comment fabriquer une fronde. Maintenant qu'ils sont deux chasseurs, les enfants mangent à leur faim.

La vie s'organise ; il faut protéger le troupeau des chiens sauvages, chercher à manger et s'occuper de Mim, le renard que les enfants ont adopté.

Un jour, Gaspar rencontre le roi de Genna, un magnifique oiseau blanc.

Chapitre 3

Dans le troupeau, il y a Hatrous, un grand bouc noir que seul Augustin peut approcher. L'enfant parvient à communiquer avec l'animal, ainsi qu'avec un chien sauvage qu'il baptise Noun.

Le soir, la petite fille, Khaf, allume le feu et va traire les chèvres en compagnie de Gaspar. Il observe Augustin et Hatrous, songeant que le vieux bouc transmet sa sagesse à l'enfant. Puis, avec la petite Khaf, ils s'allongent pour rêver en observant la lune.

Chapitre 4

Même si les enfants explorent la vallée de plus en plus loin (comme lorsqu'ils découvrent une ville de termitières), ils se sentent bien chez eux, près de la maison. Le soir, ils se rassemblent et la petite Khaf danse pendant que les garçons jouent de la flûte de pan.

Il y a beaucoup de choses à apprendre à Genna, mais cela nécessite un apprentissage différent car c'est la nature sous toutes ses formes qui enseigne ces choses.

Un matin, il y a un gigantesque vol de sauterelles.

Chapitre 5

Une nuit, Gaspar et Abel ressentent quelque chose de différent dans la lune, la lumière n'est plus la même. Abel décide alors de partir à la chasse de Nach, un grand serpent rôdant dans les environs. À un moment, Gaspar repère le serpent dans un acacia, mais, effrayé, il le laisse partir.

Finalement, Abel et Gaspar retrouvent Nach. Les garçons chantent et dansent afin de charmer le serpent. Le combat commence et, assez rapidement, Abel tue le serpent.

Chapitre 6

« Ensuite tout changea très vite à Genna. » Le climat devient plus rude, le lac est presque asséché et les enfants n'ont plus de quoi se nourrir, excepté le lait des chèvres.

Suivi par Gaspar, Abel se dirige vers le marécage pour trouver le roi de Genna. Mais alors qu'Abel s'apprête à tuer l'oiseau, Gaspar s'interpose puis s'enfuit, sachant qu'il ne pourra plus revenir.

Il passe une nuit seul, essuie une tempête de sable puis arrive aux abords d'une ville. Alors qu'il en parcourt les rues, Gaspar repense aux enfants et c'est comme s'il était encore avec eux à Genna. Il entre dans un commissariat et déclare : « Je m'appelle Gaspar... Je me suis perdu... »

LES RAISONS
DU SUCCÈS

Mondo et autres histoires paraît en France le 6 mars 1978. À cette époque, le climat mondial est incertain : la guerre et les totalitarismes pèsent encore sur les esprits ; les conflits ainsi que la décolonisation conduisent à une modification de l'ordre du monde ; les avancées technologiques et scientifiques ouvrent de nouvelles perspectives tout en suscitant de nouvelles interrogations.

En France, les années 1970 sont marquées par une agitation politique et sociale importante, par une prise de conscience des problèmes écologiques et par le début d'une crise économique. Ce contexte ambiant ainsi que l'histoire récente influencent profondément la littérature, qui est à la fois un terrain de réflexion, mais aussi le reflet de la société dans laquelle elle naît. À l'instar des bouleversements mondiaux, la littérature française cherche à se renouveler, interrogeant ses codes et ses formes, sa capacité à dire tout en jouant de ses limites. Ainsi, certaines écoles se forment, recherchant de nouveaux instruments littéraires. On peut notamment songer au Nouveau Roman, mais aussi à l'Oulipo ou à toute autre forme de littérature potentielle.

À cette époque, la littérature française se voit également influencée par les avancées technologiques et par la concurrence d'autres loisirs tels que le cinéma, la télévision, ou encore l'informatique. Certains auteurs ont d'ailleurs cherché à lier la littérature à ces domaines ; citons notamment Marguerite Duras, à la fois femme de lettres et femme de cinéma d'essai.

Enfin, la littérature française de la fin des années 1970 est marquée par la traduction en France de nombreuses œuvres étrangères. L'influence de la littérature et des pratiques éditoriales anglo-saxonnes sont de plus en plus perceptibles, comme en témoigne l'apparition du phénomène des *best-sellers*.

Le XXᵉ siècle est donc marqué par une remise en question progressive des genres littéraires ; l'engouement des auteurs pour l'expérimentation et le renouvellement des formes rendant les frontières génériques de plus en plus poreuses.

La recherche formelle devient systématique avec le courant du Nouveau Roman, amorcé dans les années 1950. Cette école, qui occupe encore une place importante à l'époque de *Mondo et autres histoires*, récuse le roman doté d'un narrateur omniscient « à la Balzac », et prône l'écriture minimaliste. Ces romanciers œuvrent à la disparition du narrateur, du personnage, de l'intrigue et de la chronologie afin de mettre en exergue la subjectivité et le désordre de la vie. Parmi eux, Alain Robbe-Grillet, Michel Butor, Nathalie Sarraute ou encore Claude Simon.

À côté de ces romanciers « expérimentaux », la fin des années 1970 connaît également des auteurs de grande réputation, avec des œuvres fortes ; citons par exemple Marguerite Yourcenar, Michel Tournier, Albert Cohen, Jean Giono, Marguerite Duras mais aussi Le Clézio, salué dès *Le Procès-verbal*.

Autre mouvement fort : l'existentialisme, à la fois littéraire et philosophique. Ce courant postule que l'être humain forme lui-même l'essence de sa vie par ses propres actions, en opposition à la thèse qui voudrait que ces dernières lui soient prédéterminées. L'existentialisme considère que chacun est unique, maître de ses actes, de son destin mais aussi des valeurs qu'il décide d'adopter. La France compte de grands noms parmi ces auteurs-penseurs : parmi eux Jean-Paul Sartre, Simone de Beauvoir ou encore Albert Camus.

L'époque est également marquée par le renouveau et la vivacité de certains champs littéraires tels que le roman policier, la science-fiction (René Barjavel) mais aussi le fantastique. Le domaine de l'autobiographie et des écritures de soi commence à se développer, et les frontières entre les genres vont s'amenuisant.

L'écriture de Le Clézio est fortement colorée et riche de son expérience personnelle, de son passé, de ses voyages et de la découverte d'autres cultures. Son séjour parmi les tribus du Panama, sa découverte de l'Afrique avec son père puis du désert avec Jémia ; tout cela se retrouve dans ses textes, notamment dans *Mondo et autres histoires*, très riche en descriptions subtiles de paysages exotiques. Dans *Les Bergers*, par exemple, l'évocation du désert est très vivante. L'auteur nous invite ainsi à partager une reconstitution de sa propre expérience.

D'origine mauricienne, Le Clézio a très tôt été influencé par la littérature anglo-saxonne, en particulier des romans d'aventures tels que ceux de Robert-Louis Stevenson ou de Daniel Defoe. Stevenson, longtemps considéré comme un simple auteur de romans pour adolescents, manifeste en réalité une profonde intelligence de la narration, de ses moyens et de ses effets. À l'instar de Le Clézio, dont le style a parfois été accusé de naïveté, l'écriture est plus élaborée et structurée qu'il n'y paraît de prime abord.

Un autre auteur ayant beaucoup compté pour Le Clézio est Joseph Conrad, qu'il a lu très jeune. Certains voient cet auteur comme un précurseur de l'existentialisme, car il met en scène des personnages faillibles, désenchantés, mais qui ne renoncent jamais à affronter la vie. D'ailleurs, bon nombre de lecteurs sont tenté de rapprocher *Au cœur des ténèbres* de Conrad à *Onitsha* de Le Clézio.

Dès *Le Procès-verbal*, Le Clézio jouit d'un succès qui grandira d'années en années. En 1994, les lecteurs du magazine Lire l'élisent plus grand auteur francophone vivant.

Le succès de Le Clézio tient vraisemblablement à son

style. Souvent qualifié de naïf, celui-ci use de procédés stylistiques et des schémas narratifs relativement conventionnels. Cependant, les textes de Le Clézio sont bien plus sophistiqués et organisés qu'il n'y paraît. Ainsi, dans *Mondo et autres histoires*, les nouvelles communiquent entre elles par un jeu subtile de références et d'allusions. De fait, les romans, récits et nouvelles de Le Clézio – et en particulier *Mondo et autres histoires* – sont facilement abordables pour de jeunes lecteurs débutants, mais restent tout aussi plaisant pour d'autres, plus avertis et attentifs.

Mais le succès de l'œuvre de Le Clézio tient également à son engagement et ses convictions. Ainsi, lorsqu'il évoque la nature et la relation de l'homme avec son environnement, il fait écho aux débats écologiques que nous connaissons depuis plusieurs décennies. Lorsqu'il dénonce la guerre ou encore l'aspect trop matérialiste et mercantile de nos sociétés, là encore, l'auteur touche les sujets de société et pousse le lecteur à réfléchir. Cet aspect engagé, sans être trop virulent, convient à un lectorat éclairé, souhaitant s'informer et s'ouvrir sans pour autant entrer dans un discours militant.

L'œuvre de Le Clézio est une invitation à la méditation, à une autre approche du monde. En effet, par le biais de ses personnages, l'auteur nous montre que la voie du bien-être et de l'harmonie avec la nature n'est pas aussi insaisissable que cela. Dans *Mondo et autres histoires*, Le Clézio suppose une connexion intime entre ses personnages et la nature. L'expérience qu'ils vivent est réellement profonde, rendue possible par l'état de disponibilité dans lequel ils se mettent. Ces enfants rêveurs éprouvent le désir d'ailleurs, mais plus simplement le plaisir d'être là. Ils trouvent de la joie dans le monde qui s'offre à eux et non dans l'aspect matériel de la vie. Les nouvelles de Le Clézio peuvent donc être comprises comme un « mode d'emploi » pour un autre rapport au monde, ou bien comme une longue rêverie, entraînant le lecteur à la limite du réel et du magique.

LES THÈMES
PRINCIPAUX

Depuis que Le Clézio a découvert l'Amérique latine, principalement la vie des Indiens au Panama, son écriture s'est modifiée et affinée, son style se précisant au fur et à mesure des années. Dans *Mondo et autres histoires*, l'auteur a choisi de développer des thèmes qui lui sont chers : l'enfance, le voyage, la liberté ou encore le rapport à la nature. La forme de la nouvelle est donc parfaitement adaptée car elle permet la multiplication des thèmes et des angles d'approches.

L'enfance

Chacune des huit nouvelles du recueil met en scène des personnages-enfants. Comme l'écrit Gérard de Cortanze, « il [leur confère] la beauté des dieux, affirme que leur monde est lisse et sans secret parce que rien ne vient entraver le lien entre eux et la vie ». Ainsi l'enfance devient terre de nostalgie.

La nature

La nature est également l'un des thèmes majeurs de ce recueil. Elle est fortement valorisée par le biais des motifs de la lumière et de la mer. D'ailleurs, rares sont ses livres qui ne reprennent ces deux éléments. La lumière est perçue comme un guide, puisque c'est elle qui pousse Jon à escalader la montagne Reydarbarmur, mais elle peut également se révéler menaçante puisqu'elle brûle et assoiffe Daniel lors de sa première journée à la mer. Cela dit, les éléments sont majoritairement valorisés : chez Le Clézio, l'observation de la mer, l'influence du vent, du soleil et des embruns mène à l'absolu, à un état proche de l'éternité. Cette expérience est alors quasi mystique. De plus, la mer symbolise la possibilité d'un ailleurs, d'une autre vie. De la fuite de la ville au saut dans le monde, l'étape de la mer est essentielle, comme le montre Daniel dans *Celui qui n'avait jamais vu la mer* : « C'était bien la mer, sa mer, pour lui seul maintenant, et il savait qu'il ne pourrait plus jamais s'en aller. » Désiré et idéalisé, l'océan symbolise l'appel du voyage, l'envie et le besoin de quitter la ville, de partir pour s'accomplir.

Mondo et autres histoires fait également une large place au motif du désert, très cher à l'auteur, qui publiera d'ailleurs un roman du même nom, deux ans plus tard (*Désert*, 1980). Le recueil ayant été publié en 1978, on imagine que cette thématique était fortement ancrée dans l'esprit de Le Clézio. Dans *Les Bergers*, le désert est d'ailleurs célébré pour sa beauté, mais également pour sa toute puissance car, après la tempête de sable à la fin de la nouvelle, la vallée de Genna est totalement modifiée. Le désert est une véritable expérience chez Le Clézio, parce qu'il nous fait autre en nous faisant entrevoir une perfection et un langage éternel.

L'écriture de Le Clézio est images, couleurs mais aussi cadence. Elle transcrit en mots le rythme de la nature, sa respiration, faisant de l'environnement le véritable protagoniste des nouvelles.

Le voyage

Le voyage est également un motif très présent dans *Mondo et autres histoires*. Il s'accompagne d'une réflexion sur notre rapport au monde. Car en effet, le voyage c'est modifier nos perspectives afin de vivre une autre vie sur la terre. On découvre alors un monde où chaque élément de la nature est source de savoir ; tel le vieux bouc Hatrous dans *Les Bergers* : « Hatrous savait tellement de choses, non pas de ces choses qu'on trouve dans les livres, dont les hommes aiment parler, mais des choses silencieuses et fortes, des choses pleines de beauté et de mystère. » Chez Le Clézio, une fois ce monde-là est celui de la vie en dehors de la ville et de la non-possession de biens matériels. Le personnage de Mondo en est le parfait représentant, lui qui vit dans des grottes près de la plage, de même que les enfants nomades dans *Les Bergers*.

Bien que Le Clézio prône la non-possession matérielle, le thème de la maison est cependant significatif dans ses nouvelles. Certains personnages du recueil sont en effet à la recherche d'un lieu où se sentir protégés mais libres, à l'image de la « Maison de la Lumière d'Or » de Mondo ou de la « Maison Grecque » de Lullaby.

ÉTUDE DU MOUVEMENT LITTÉRAIRE

Le Clézio est un auteur de langue française publié entre le XX⁰ et le XXI⁰ siècle. Il est donc rattaché aux écrivains francophones et au mouvement dit de la « francophonie ».

L'expression « littérature francophone » rassemble toute la littérature écrite en langue française, mais fait néanmoins le distinguo entre deux types de textes : les textes francophones écrits par des auteurs français, et les textes francophones hors de France.

Cette distinction entre littérature française et littérature francophone suscite, on s'en doute, de nombreuses polémiques. Le Clézio, lui, adopte une parole conciliatrice afin de mitiger les conflits. Il ne conçoit pas d'opposition entre les deux appellations – français, francophone – et se définit justement comme un écrivain « français, donc francophone ». De plus, Le Clézio voit la littérature comme « un bon moyen de comprendre le monde actuel » ; selon lui, le débat questionne justement l'ouverture au monde des écrivains. Pour lui, la mission d'un auteur de langue française, quel que soit son pays d'origine, est de militer pour une littérature ouverte sur le monde, luttant contre les dérives de certaines veines littéraires égocentriques telles que l'autofiction. Il considère que la littérature est une chance de s'ouvrir aux grands bouleversements que rencontre le monde actuel et, par le biais de la description, de s'ouvrir à tous ces autres territoires lointains où hommes et femmes parlent la même langue que la nôtre.

Cela dit, bon nombre de lecteurs et chercheurs sont tentés de rattacher l'œuvre de Le Clézio à la veine onirique. En effet, la rêverie est toujours latente dans ses romans et nouvelles car les personnages s'y montrent disponibles. Ils flânent, admirent la nature et la plupart d'entre eux sont des enfants dont l'imagination n'a pas encore été bridée par le monde pragmatique des adultes. À l'instar de l'expérience mystique de *La Montagne du Dieu vivant* – hallucination pendant laquelle le jeune héros rencontre un enfant nimbé de lumière avec lequel il s'assoit au-dessus du monde et discute –, Le Clézio créé une connexion intime entre ses personnages et la nature. C'est dans ce lien ténu qui lie l'homme à son environnement, dans cette fuite de la ville vers la nature et la liberté, que réside l'onirisme leclézien.

DANS LA MÊME COLLECTION
(par ordre alphabétique)

- **Anonyme**, *La Farce de Maître Pathelin*
- **Anouilh**, *Antigone*
- **Aragon**, *Aurélien*
- **Aragon**, *Le Paysan de Paris*
- **Austen**, *Raison et Sentiments*
- **Balzac**, *Illusions perdues*
- **Balzac**, *La Femme de trente ans*
- **Balzac**, *Le Colonel Chabert*
- **Balzac**, *Le Lys dans la vallée*
- **Balzac**, *Le Père Goriot*
- **Barbey d'Aurevilly**, *L'Ensorcelée*
- **Barbey d'Aurevilly**, *Les Diaboliques*
- **Bataille**, *Ma mère*
- **Baudelaire**, *Les Fleurs du Mal*
- **Baudelaire**, *Petits poèmes en prose*
- **Beaumarchais**, *Le Barbier de Séville*
- **Beaumarchais**, *Le Mariage de Figaro*
- **Beauvoir**, *Mémoires d'une jeune fille rangée*
- **Beckett**, *En attendant Godot*
- **Beckett**, *Fin de partie*
- **Brecht**, *La Noce*
- **Brecht**, *La Résistible ascension d'Arturo Ui*
- **Brecht**, *Mère Courage et ses enfants*
- **Breton**, *Nadja*
- **Brontë**, *Jane Eyre*
- **Camus**, *L'Étranger*
- **Carroll**, *Alice au pays des merveilles*
- **Céline**, *Mort à crédit*

- **Céline**, *Voyage au bout de la nuit*
- **Chateaubriand**, *Atala*
- **Chateaubriand**, *René*
- **Chrétien de Troyes**, *Perceval*
- **Cocteau**, *La Machine infernale*
- **Cocteau**, *Les Enfants terribles*
- **Colette**, *Le Blé en herbe*
- **Corneille**, *Le Cid*
- **Crébillon fils**, *Les Égarements du cœur et de l'esprit*
- **Defoe**, *Robinson Crusoé*
- **Dickens**, *Oliver Twist*
- **Du Bellay**, *Les Regrets*
- **Dumas**, *Henri III et sa cour*
- **Duras**, *L'Amant*
- **Duras**, *La Pluie d'été*
- **Duras**, *Un barrage contre le Pacifique*
- **Flaubert**, *Bouvard et Pécuchet*
- **Flaubert**, *L'Éducation sentimentale*
- **Flaubert**, *Madame Bovary*
- **Flaubert**, *Salammbô*
- **Gary**, *La Vie devant soi*
- **Giraudoux**, *Électre*
- **Giraudoux**, *La Guerre de Troie n'aura pas lieu*
- **Gogol**, *Le Mariage*
- **Homère**, *L'Odyssée*
- **Hugo**, *Hernani*
- **Hugo**, *Les Misérables*
- **Hugo**, *Notre-Dame de Paris*
- **Huxley**, *Le Meilleur des mondes*
- **Jaccottet**, *À la lumière d'hiver*
- **James**, *Une vie à Londres*
- **Jarry**, *Ubu roi*
- **Kafka**, *La Métamorphose*

- **Kerouac**, *Sur la route*
- **Kessel**, *Le Lion*
- **La Fayette**, *La Princesse de Clèves*
- **Levi**, *Si c'est un homme*
- **London**, *Croc-Blanc*
- **London**, *L'Appel de la forêt*
- **Maupassant**, *Boule de suif*
- **Maupassant**, *Le Horla*
- **Maupassant**, *Une vie*
- **Molière**, *Amphitryon*
- **Molière**, *Dom Juan*
- **Molière**, *L'Avare*
- **Molière**, *Le Malade imaginaire*
- **Molière**, *Le Tartuffe*
- **Molière**, *Les Fourberies de Scapin*
- **Musset**, *Les Caprices de Marianne*
- **Musset**, *Lorenzaccio*
- **Musset**, *On ne badine pas avec l'amour*
- **Perec**, *La Disparition*
- **Perec**, *Les Choses*
- **Perrault**, *Contes*
- **Prévert**, *Paroles*
- **Prévost**, *Manon Lescaut*
- **Proust**, *À l'ombre des jeunes filles en fleurs*
- **Proust**, *Albertine disparue*
- **Proust**, *Du côté de chez Swann*
- **Proust**, *Le Côté de Guermantes*
- **Proust**, *Le Temps retrouvé*
- **Proust**, *Sodome et Gomorrhe*
- **Proust**, *Un amour de Swann*
- **Queneau**, *Exercices de style*
- **Quignard**, *Tous les matins du monde*
- **Rabelais**, *Gargantua*

- **Rabelais**, *Pantagruel*
- **Racine**, *Andromaque*
- **Racine**, *Bérénice*
- **Racine**, *Britannicus*
- **Racine**, *Phèdre*
- **Renard**, *Poil de carotte*
- **Rimbaud**, *Une saison en enfer*
- **Sagan**, *Bonjour tristesse*
- **Saint-Exupéry**, *Le Petit Prince*
- **Sarraute**, *Enfance*
- **Sarraute**, *Tropismes*
- **Sartre**, *Huis clos*
- **Sartre**, *La Nausée*
- **Senghor**, *La Belle histoire de Leuk-le-lièvre*
- **Shakespeare**, *Roméo et Juliette*
- **Steinbeck**, *Les Raisins de la colère*
- **Stendhal**, *La Chartreuse de Parme*
- **Stendhal**, *Le Rouge et le Noir*
- **Verlaine**, *Romances sans paroles*
- **Verne**, *Une ville flottante*
- **Verne**, *Voyage au centre de la Terre*
- **Vian**, *J'irai cracher sur vos tombes*
- **Vian**, *L'Arrache-cœur*
- **Vian**, *L'Écume des jours*
- **Voltaire**, *Candide*
- **Voltaire**, *Micromégas*
- **Zola**, *Au Bonheur des Dames*
- **Zola**, *Germinal*
- **Zola**, *L'Argent*
- **Zola**, *L'Assommoir*
- **Zola**, *La Bête humaine*
- **Zola**, *Nana*
- **Zola**, *Pot-Bouille*